AF242399

LA QUESTION DES TRAVAILLEURS,

RÉSOLUE PAR LA

COLONISATION DE L'ALGÉRIE.

PAR RAOUSSET BOULBON,

colon en Algérie.

LA QUESTION DES TRAVAILLEURS,

RÉSOLUE PAR LA

COLONISATION DE L'ALGÉRIE.

Dans le premier feu de son exaltation patriotique, le gouvernement provisoire a résolument abordé la question que les ouvriers lui posaient en ces termes :

Nous sommes las de notre misère, nous voulons en sortir.

Le gouvernement provisoire a répondu qu'il garantissait du travail A TOUS LES CITOYENS, promesse qu'il faut tenir à tout prix.

Le travail ne peut être payé que par l'industrie particulière ; mais l'industrie n'a de puissance que jusqu'aux limites du capital dont elle dispose.

Déjà, depuis plusieurs années, les ressources de l'industrie ne pouvaient suffire à faire vivre tous les travailleurs et la misère envahissait de plus en plus les classes pauvres. La révolution de février a porté des coups terribles au crédit : en présence de la crise financière qui pèse sur la nation, n'espérons pas que la classe ouvrière puisse, avant plusieurs années, trouver dans l'agriculture, dans le commerce, dans l'industrie, le travail qui est sa vie.

Les besoins de la population excèdent les ressources actuelles de la France ; déjà, depuis plusieurs années, nous voyons se développer avec une effrayante rapidité la lèpre du paupérisme et cette terreur morale qui se fait autour de la misère.

La Providence nous a gardé l'Algérie ! l'Algérie avec ses champs fertiles, ses mines de cuivre, de fer, d'étain, de plomb, d'argent, la soie, le coton, la laine, l'indigo, le tabac et mille autres productions qui, manufacturées par l'industrie, vont alimenter le commerce.

L'Algérie si longtemps calomniée, dédaignée, opprimée, ravagée par la guerre, menacée de l'abandon, l'Algérie s'ouvre à tous les travailleurs que la patrie ne peut plus nourrir ; l'Algérie va sauver la France.

Grâce à vous, les colons vont avoir des députés : — c'est bien : — les colons vous en remercient. Nous avons besoin de parler, d'autant plus que nous sommes restés baillonnés pendant dix-sept ans.

Mais surtout, il importe qu'on nous mette au plutôt, en mesure d'agir, pour nous relever de l'abîme où nous a fait tomber le dernier ministère. Colons agriculteurs, commerçants, industriels, nous avons lutté courageusement, honnêtement contre les obstacles matériels suscités par une administration mauvaise et nous sommes arrivés à la ruine après un opiniâtre labeur de dix-sept ans.

Colonisez, colonisez promptement, sinon demain , nous achèverons de mourir de faim et cette terre sera maudite. — Demain vous aurez peut-être la guerre , et l'Afrique sera perdue.

Alors que ferez-vous en face de vos travailleurs sans pain , de votre population incessamment croissante, de la misère qui grandira comme la population ? Hâtez-vous donc législateurs, hâtez-vous avant que le dernier colon ne soit mort en vous maudissant , hâtez-vous avant que votre armée d'Afrique, pressée entre les balles arabes et les canons de l'Angleterre, affamée par la terre et par la mer , ne soit réduite à mettre bas les armes, à la honte de notre nom et pour le malheur de la civilisation conquérante dont vous êtes l'avant-garde. — Hâtez-vous donc , faites passer la mer à votre armée de travailleurs, bien autrement puissante que votre armée de soldats.

Et quand je dis : colonisez ! — je tiens à bien établir que je ne propose pas la colonisation comme un but, je l'indique au Gouvernement provisoire comme un moyen de tenir cette promesse solennelle.

L'Etat garantit l'existence de tous les citoyens par le travail. Je l'indique comme un moyen de supprimer l'excédant de population qui détruit l'équilibre entre le capital et le travail.

J'insiste, parce que, de tous les genres de travaux que peut faire entreprendre l'Etat, il n'en est aucun dont les avantages puissent être comparés à la colonisation de l'Algérie.

Par les travaux que vous ferez en *France*, vous provoquerez un *développement* de la fortune publique. En *Algérie*, cette fortune, — vous la *créerez*. — Immense avantage pour l'État.

Par les travaux que vous ferez en France, vous procurez à l'ouvrier, quoi ? — Sa journée. — Et pour le lendemain ? — Sa journée, toujours sa journée ; rien d'assuré pour le lendemain. Le sort de l'ouvrier demeure le même, la misère est derrière lui et devant lui. — Le travail que vous ne pouvez lui donner éternellement, le travail aura un terme et l'ouvrier retombera dans sa misère. Par les travaux que vous ferez en Algérie, vous donnez à l'ouvrier le moyen *d'assurer sa vie ;* parce qu'il est aisé de laisser au travailleur le sol qu'il aura cultivé. Cette terre, ce patrimoine que vous donnerez à l'ouvrier, c'est son bien-être, sa moralisation, son rêve, c'est la fortune publique.

Donc, pour l'État et pour l'ouvrier, l'Afrique, comme base du travail vaut mieux que la France.

Comment colonisera-t-on ?

Combien de systèmes n'a-t-on pas proposés ! Plus d'un sans doute eut donné des résultats féconds. Pourquoi n'a-t-on pas essayé d'un seul ! Je ne veux pas récriminer, laissons en paix les morts ; je ne veux avoir de regards et de pensées que pour cette France radieuse promise par l'avenir.

(9)

Aujourd'hui , c'est à la nation elle-même qu'il appartient de s'emparer des destinées de l'Algérie. Le temps des mièvreries administratives n'est plus ; les destinées de l'Agérie seront grandes comme celles de la nation.

Plus d'un million de travailleurs viennent de tomber à la charge de l'Etat. Si la moitié , si le quart de cette masse d'ouvriers passe en Algérie, il faut compter par centaines de millions les sommes qui vont être jetées en masse , à cette Afrique traitée jusqu'à présent avec l'avarice sordide que les chambres appelaient de l'économie.

La révolution de Février a sonné l'heure de l'Algérie. Les esprits aventureux peuvent aujourd'hui monter au niveau de ce qui était hier considéré comme gigantesque.

Ce n'est pas la première fois que j'aborde cette question de l'Algérie. Colon agriculteur , j'ai qualité pour le faire. Déjà comme délégué des colons d'Alger , avec MM. St-Guilhem , Vialar , Franclien , Rancé , j'ai réclamé des mesures que je considérais comme nécessaires.

Je les résume et je les proclame aujourd'hui plus que jamais comme essentielles au développement de l'Algérie.

1° *Réhabilitation éclatante* de la population civile d'Afrique , population énergique et laborieuse , tenue pendant dix-sept ans dans un état d'abjection systématique.

2° Application à l'Algérie des *institutions civiles et politiques* dont va jouir la France républicaine. — Application immédiate. — La confiance est à ce prix.

3° Liberté pour l'armée comme pour l'administration d'*acquérir des intérêts* dans la colonie. Avec cette condition seulement, vous attacherez au sol, vous dévouerez à l'œuvre commune l'administration et l'armée.

4° Liberté pour chacun de prendre dans la colonisation la part qui lui conviendra, de cultiver comme il l'entendra, de bâtir, de planter, d'acheter, de revendre, de spéculer à son gré. Tout homme a son génie dont la nature lui est propre, laissez-le libre dans sa voie, *le travail ne se développe* que dans les conditions de liberté les plus étendues.

Ces mesures qui doivent aider puissamment au développement de l'Algérie, nous les attendons de l'assemblée constituante ; mais, dès aujourd'hui, le gouvernement provisoire, par un vaste système de colonisation, peut imprimer aux évènements dont l'Algérie sera le théâtre, une impulsion d'une puissance incalculable.

Que l'Algérie soit donc ouverte sans délai aux forces inoccupées de la France. Que des proclamations appellent les ouvriers, les commerçans, les industriels, les capitalistes, à venir prendre chacun leur part de cette œuvre magnifique d'où sortira tout un peuple.

Loin de moi la pensée de conseiller au gouvernement de ne donner aux ouvriers , du travail qu'en Algérie, — en Algérie seulement. — Non, je le répète, parce que je veux être bien compris. La France a des canaux à creuser, des routes, des chemins de fer à construire, des marais à dessécher , des landes à défricher , des montagnes à boiser. La France a d'utiles travaux à faire exécuter ; qu'elle appelle à ces travaux tous les ouvriers à qui l'industrie privée ne peut suffire : l'ouvrier doit être libre de rester en France : mais j'insiste dans ces feuilles que je livre au vent de l'opinion; j'insiste parce qu'elles seront oubliées demain ; j'insiste parce qu'une vérité leur survivra , — *la vérité que voici :*

De tous les travaux que peut entreprendre le gouvernement , il n'en est *aucun* qui puisse réunir autant d'avantages pour l'état et pour les travailleurs que ceux assurés par la colonisation de l'Algérie. Pour les travailleurs , affranchissement du prolétariat , cet esclavage des temps modernes. Pour l'état , création d'une richesse qui doit doubler la France.

L'ouvrier doit être *libre* de passer en Algérie.

Que le gouvernement assure en Algérie comme en France du travail à tous les ouvriers et leur bon sens les portera vers l'Algérie. Il les y portera d'autant mieux que leur titre de citoyen le suivra désormais. Ils n'auront plus à s'expatrier , parce qu'aujourd'hui la France doit passer la mer : l'Atlas est en France.

Qu'on ne recule pas devant les difficultés que semble présenter l'émigration et l'emploi immédiat de deux à trois cent mille travailleurs et même davantage. Un grain de sable pouvait arrêter le gouvernement d'hier ; l'énergie de la République doit déplacer les montagnes.

Organisez l'émigration — et le courant qui ne tardera pas à s'établir vers le foyer de travail que vous aurez allumé, jettera chaque année cinq cent mille travailleurs dans les champs fertiles de l'Afrique.

Donnez à tous les émigrants une indemnité de route jusques à Cette, à Marseille, à Toulon.

Les moyens de transport ne manquent pas pour passer la mer. Et qu'en débarquant sur les quais d'Alger, de Bône, ou d'Oran, l'ouvrier trouve *aussitôt* les chantiers ouverts.

Quelle sera la nature des travaux ? nécessairement et d'abord tous ceux qui sont la base d'un état social quelconque : ceux dont l'objet spécial est d'assurer la viabilité, la salubrité, la sécurité.

C'est à des commissions spéciales qu'il appartiendra de déterminer sous quelle forme le travail doit être offert aux émigrants. Pour moi, dès aujourd'hui, voici ma pensée.

Les émigrants, — à leur arrivée, — doivent être divisés en deux classes.

Les célibataires constitueront la classe des *ouvriers mobiles*, — les pères de famille celle des *ouvriers sédentaires*, ceux que l'État doit couvrir de toute sa sollicitude.

Occupons-nous d'abord de la première de ces classes que j'appelle *ouvriers mobiles*.

Les commissions chargées de déterminer, de surveiller, de contrôler tous les travaux, les dirigeraient sur les chantiers, où des mesures seraient prises pour assurer un logement sain, une nourriture à bon marché, un travail convenablement rétribué et qui ne chômerait jamais. Le salaire sera-t-il fixé par jour ou à la tâche : les commissions en décideront ; dès aujoud'hui cependant j'affirme, malgré les actes du gouvernement provisoire, que jamais un ouvrier habile, actif et fort ne se contentera du prix ordinairement fixé pour la journée, dans les travaux de terrassement.

Routes, canaux, chemins de fer, vastes hospices pour les malades, déssèchements de marais, défrichements, plantations, villages ; tels sont les travaux à faire exécuter par les *ouvriers mobiles*. Que ces ouvriers soient embrigadés, afin de leur assurer tous les bénéfices de la vie en commun, afin de développer en eux les instincts de sociabilité. Aussitôt qu'ils auront pu se connaître et s'apprécier, qu'ils se donnent eux-mêmes des chefs élus parmi eux. Soyez assurés qu'ils choisiront les plus dignes. Ainsi, en faisant appel à de généreux sentiments , vous élèverez l'esprit et l'ame des hommes, sur cette terre d'A-frique, si prompte à démoraliser les plus fermes.

Aux *ouvriers mobiles* le vaste réseau de tra-vaux publics qui fera circuler de nouveau la vie dans cette Afrique, si chère à la République de Rome et que la République française va ressus-citer.

Aux *ouvriers sédentaires* , aux travailleurs *pères de famille*, la fécondation du sol, l'exploi-tation des mines , le travail qui va chercher au sein de la terre , la richesse des nations.

La famille est la base de toutes les sociétés ; la colonisation de l'Algérie doit reposer sur *la famille.*

Parmi les éléments de la classe ouvrière , la famille est, au dessus de tous les autres, digne de l'intérêt de la nation. Aussi, est-ce sur les émi-grants , pères de famille , que les commissions instituées par le gouvernement doivent concen-trer leur plus active , leur plus religieuse solli-citude.

Aussi, dans le système de colonisation par l'État dont je trace ici l'incomplette ébauche, je n'hésite pas à poser ce principe absolu : —toutes les familles qui passeront en Algérie recevront du gouvernement, et de suite, des terres à cul-tiver.

On a donné jusqu'à ce jour dix hectares en moyenne à chaque famille.

Est-ce trop ? est-ce trop peu ? le temps nous manque pour discuter.

Acceptons le chiffre de dix hectares.

De combien d'hectares l'Etat peut-il disposer?

L'Etat, d'après les rapports officiels, ne possède en Algérie que quatre cent mille hectares, suffisant pour quarante mille familles : — l'émigration d'une seule année peut en amener davantage.

Il est vrai que ces documents officiels sont inexacts, — en voici la preuve : — Dans la plaine des Hadjoutes, à 12 lieues d'Alger, le domaine a maintes fois assuré qu'il ne possédait rien. Une inspection ordonnée par le duc d'Aumale , *le seul de nos gouverneurs-généraux qui ait fait son devoir*, a mis quinze mille hectares à la disposition du domaine. Je ne doute pas, que, sous un gouvernement qui doit exiger plus d'actes que de papiers, les agents du domaine ne découvrent en dix-sept jours plus de terres domaniales qu'ils n'en ont découvert en dix-sept ans.

Au surplus, si la France veut sérieusement livrer l'Algérie à la civilisation et en extraire au profit de tous les peuples les richesses de toute sorte qui y demeurent enfouies, qu'elle n'hésite pas à s'approprier, au profit du bien public , *la totalité du sol possédé par les indigènes.*

Nous n'avons pas le temps de discuter le droit et de nous défendre contre les idées d'extermination et de refoulement qui ne sont pas nôtres et *que nous repoussons énergiquement.*

L'expropriation des indigènes est la condition première, *la condition inévitable* de l'établissement des Français sur le sol.

Que des commissions soient donc nommées — sans délai — pour y procéder et régler une indemnité qui sera payée en rentes sur l'Etat, ou par le concessionnaire même.

Une telle expropriation n'a rien qui soit contre la justice et le droit.

Par cette mesure, l'Etat dispose de dix millions d'hectares de terres cultivables, superficie suffisante à l'établissement d'un million de familles d'agriculteurs.

Dans cette condition, engagé comme il l'est par la promesse du Gouvernement provisoire, à donner du travail à tous les ouvriers, l'Etat, faisant de l'Algérie entière, un chantier ouvert aux travailleurs, doit devenir résolument entrepreneur de colonisation. L'Etat fera ses affaires et il les fera bonnes tout en faisant celles des ouvriers.

Dans ce but, et sous les yeux des commissions spéciales, il sera procédé à la division, par lots très-multipliés, de tout le territoire de l'Algérie. Je suppose que ces lots soient distribués comme les cases d'un échiquier. Les cases blanches, subdivisées elles-mêmes en lots de dix hectares, seraient colonisées par l'Etat, les cases noires, subdivisées en lots d'une égale grandeur seraient vendues par adjudication, sur une mise à prix déterminée, pour être livrée à la colonisation individuelle. Ainsi l'Etat pourrait couvrir promptement une partie de ses dépenses. Cette combinaison offre un immense avantage sur les travaux qu'il entreprendrait en France exclusivement.

Des lots plus ou moins considérables seraient également réservés pour être concédés à des capitalistes, par adjudication et avec de sérieuses conditions.

Il va sans dire que chaque famille de cultivateurs, mise en possession d'un lot de dix hectares, y doit être établie aux frais de l'Etat. C'est une somme de trois mille francs au plus à dépenser par famille.

En voici le détail :

Maisonnette.	1200 fr.
Deux bœufs, deux vaches . . .	300 »
Outils.	300 »
Semences	200 »
Total.	2000 fr.

Reste 1,000 fr. à distribuer en pain, vin et viande.

Payée à la journée, une famille, composée de cinq personnes coûterait en moyenne 10 fr. par jour.

Pour trois cent jours de travail, l'État payant à la journée, paierait 3,000 fr.

En établissant les familles, l'État dépense en un mois ce qu'il eut dépensé en une année pour leur assurer du travail à la journée, mais la famille établie *cesse immédiatement* d'être à charge à l'État.

En payant les travailleurs à la journée, l'État *ne change rien à leur position ;* il ne diminue pas leurs besoins. L'année finie, ils ont coûté ce qu'il eut fallu pour les établir et cette somme ne leur a produit que la vie animale de chaque jour, — et d'année en année, les ouvriers payés à la journée, demeurent à la charge de l'État, aussi longtemps que l'industrie privée ne peut pas les occuper.

Il s'offre à l'État un puissant moyen d'échapper à cette charge menaçante. C'est de donner à toutes les familles qui se présenteront, un *capital*, au lieu d'un *salaire*. Le capital, c'est le champ, la maison, le bœuf, la charrue, capital que l'ouvrier fécondera lui-même avec son propre travail.

A moins d'ignorer les notions les plus élémentaires de la science économique, tout homme comprend avec quelle rapidité va se multiplier le capital de 3000 fr., plus le sol, mis à la disposition du chef de famille. Par la multiplication de ce capital, la richesse publique s'agrandit ; l'équilibre, aujourd'hui rompu, se rétablit entre le travail et le capital.

Dans ce système de colonisation, les parts faites à l'*ouvrier mobile* et au *chef de famille* sont inégales et ce n'est pas sans raison que je le propose ainsi.

La famille, garantie première de l'ordre et de la moralité, porte chez les classes ouvrières le labeur le plus rude et la plus lourde part de misère. A la famille donc, la plus sérieuse préoccupation de la sollicitude publique. A la famille *seule*, la propriété du sol en Algérie.

Il sortira de cette mesure un puissant élément de *moralisation*. Elle aura pour conséquence, on n'en peut douter, d'engager la plupart des ouvriers dans les liens de la famille, puisqu'en Algérie, seront offerts aux chefs de familles des précieux avantages, dont l'ouvrier célibataire doit être exclu.

La production agricole est une branche isolée des richesses de l'Algérie. Le système métallurgique de cette terre prédestinée offre à l'industrie des ressources inestimables.

Quel mode suivra l'État pour l'exploitation des mines?

De toutes les formes de colonisation, l'industrie métallurgique est celle qui se prête le mieux à l'exploitation, au profit de la classe ouvrière.

Voici, sommairement, une opinion dictée par le sentiment qui m'inspire ces lignes : *L'amélioration du sort des ouvriers.*

Aucune concession de mines ne serait faite par l'État.

Les mines seraient exploitées en société par les ouvriers eux-mêmes.

L'État serait, au nom du bien public, le commanditaire de cette association.

Ainsi : l'Etat fournirait le capital nécessaire à l'exploitation, l'ouvrier fournirait son travail.

Sous la direction d'ingénieurs habiles, choisis par le gouvernement, acceptés par une commission, les ouvriers seraient appelés *à se gouverner eux-mêmes* : à cet effet, tous les chefs de travaux seraient *élus* par eux. Un *conseil*, pareillement élu par les ouvriers et parmi les ouvriers, prononcerait sur toutes les questions réglementaires et disciplinaires qui se pourraient produire dans l'association.

Toutes les peines seraient infligées d'après l'arrêt de ce conseil, notamment l'exclusion des membres que l'association devrait rejeter. Ceux qui savent à quel point s'exaltent les sentiments généreux dans le cœur du peuple, lorsque ce puissant ressort est mis en jeu, verront dans le gouvernement des ouvriers par eux-mêmes, les meilleures garanties d'ordre, de travail et de sévère moralité.

Les produits de l'exploitation seraient partagés comme il suit :

1° A chaque ouvrier et à tous les chefs, un salaire journalier;

2° Cinq pour cent du capital engagé, pour le paiement des intérêts de ce capital, emprunté par l'Etat;

3° Cinq pour cent de ce même capital, somme destinée au remboursement;

4° Dix pour cent des produits après les prélévements qui précèdent, somme destinée à la fondation de nouveaux établissements , dans le but d'améliorer le sort des ouvriers ;

5° Le surplus des produits , c'est-à-dire quatre-vingt pour cent , après le prélévement des salaires , seraient partagés entre les ouvriers dans une proportion arrêtée par les ouvriers eux-mêmes et déterminée par les statuts de l'association.

Un pareil système d'exploitation , ayant pour but le bien des ouvriers *en général* et non celui de quelques-uns en particulier, je pense qu'il conviendrait de fixer un terme au droit que chaque ouvrier , admis dans l'association , aurait d'en faire partie.

Ainsi , aussitôt que la part des bénéfices d'un ouvrier s'éleverait à dix mille francs environ , l'ouvrier devrait se retirer pour faire place à un autre. Avec dix mille francs un ouvrier peut s'établir. Il est affranchi du prolétariat.

Il serait pourvu aux places vacantes par des commissions spéciales, qui s'efforceraient de les réserver, surtout à des hommes dont la vie antérieure motiverait un pareil encouragement.

L'association doit également assurer le sort des veuves, des orphelins, des vieillards et des invalides. Elle doit assurer l'instruction religieuse et l'instruction civile, la vie à bon marché et tous les soins que réclame l'humanité. —

Dans une pareille association, non seulement *la misère est supprimée*, mais le travail, lui-même, doit être organisé, encouragé et rémunéré de manière à devenir *attrayant*.

Ainsi que les mines, des manufactures fondées par l'Etat peuvent être exploitées par l'association même des ouvriers.

On le voit assez, ma principale préoccupation dans cet écrit est d'appeler à la *propriété* le plus grand nombre possible de *prolétaires*. Ce serait une condition de paix pour la nation.

Terres, mines et manufactures, sont des capitaux que l'Etat prête aux ouvriers. — Par un travail que l'émulation et la certitude d'arriver promptement à l'indépendance doit exalter, ces capitaux se multiplieront à l'infini. — La production dépassera les besoins de la consommation, la vie descendra au plus bas prix possible et l'ouvrier prolétaire gagnera de quoi vivre largement.

Je le répète encore : — C'est au point de vue de l'*intérêt social* et non au point de vue de l'Algérie que je propose la colonisation.

Les dépenses considérables qu'elle nécessitera ne sont pas motivées par la *colonisation;* mais seulement par les besoins de la classe ouvrière.

L'Etat peut établir les ouvriers comme propriétaires en Algérie, ou comme associés dans le produit de certaines exploitations, en dépensant pour chaque ouvrier une somme qui n'excédera pas de beaucoup trois cents fois le salaire journalier.

Que l'Etat consacre *en un jour*, à l'établissement de chaque ouvrier, la somme qu'il dépenserait en *trois cents jours* pour le même ouvrier. — Les sacrifices de l'Etat *s'arrêteront là.* — Il aura fait de chaque ouvrier un homme libre et heureux.

Que l'Etat paie à chaque ouvrier la même somme comme salaire journalier, l'ouvrier demeurera constamment *à la charge de l'Etat.* Le sort de l'ouvrier sera stationnaire ; — malheureux hier, l'ouvrier le sera demain et toujours.

A tous les hommes de cœur qui veulent l'amélioration des classes pauvres, la suppression de la misère, je dis :

Colonisez l'Algérie !

A tous les économistes bien convaincus que la plus impérieuse nécessité commande de rétablir entre le travail et le capital un équilibre, aujourd'hui rompu, je dis également :

Colonisez l'Algérie !

A tous les hommes de progrès, qui sont jaloux de voir la France marcher en tête de la civilisation et porter la lumière au monde, je dis encore :

Colonisez l'Algérie !

A ceux qui possèdent châteaux, hôtels, meubles somptueux, fabriques, magasins, terres et forêts ; à ceux qui sont riches et qui tremblent au milieu des masses d'ouvriers affamés, en face de ces lugubres infortunes de la faim et de la misère; à ceux-là surtout, à ceux-là je ne dis plus, mais je crie :

Colonisez ! colonisez !

Oui, colonisez, arrachez promptement au sol et aux entrailles de l'Algérie, ces richesses qui, répandues dans la classe ouvrière, lui donneront à elle l'aisance, à vous la paix, à tous la prospérité.

Ce n'est pas seulement en vertu des promesses du Gouvernement provisoire, que le travail est le droit de tous. Des considérations d'un ordre bien autrement impérieux consacrent aujourd'hui cette maxime.

La révolution du 24 février n'est pas seulement une révolution politique : elle est surtout le premier degré d'une révolution *sociale* que les générations futures verront se développer dans les phases successives marquées à l'humanité.

Les trônes tombés, les dynasties en fuite, le prestige de la royauté qu'un souffle emporte, les dictateurs d'un jour, les factions armées, les galons et les pavillons et toutes les vanités de l'homme : qu'est-ce que ces vulgaires accidents, derniers colifichets des sociétés qui s'éteignent et dont la jeune génération ne parle plus qu'avec dédain.

Comme l'océan, les sociétés au-dessous de la surface qui s'offre aux yeux cachent des abîmes inconnus. Parfois l'océan des sociétés s'agite à la surface et la vague populaire roule confusément avec la vague royale. Ce sont là les tourmentes politiques qu'un jour soulève et qu'un jour efface. Comme l'océan, les sociétés ont aussi des soulèvements intérieurs qu'une force mystérieuse fait bouillonner au fond de leurs abîmes. Irrésistibles orages qui jettent la mer hors de ses limites, engloutissent plaines et montagnes avec leurs habitants et leurs villes, et font surgir des terres nouvelles aux yeux du navigateur étonné.

Un ouragan pareil soulève les sociétés depuis un siècle. Singulier aveuglement des hommes ! Leurs yeux n'appercevaient de trouble qu'à la surface et voilà qu'ils ont disparu. Les penseurs disaient : Le bouillonnement social est au fond de ces multitudes, exploitées tour à tour par les partis affamés de pouvoir; et voilà qu'aujourd'hui tous les partis s'engloutissent avec leur individualisme coupable, leurs erreurs et leurs espérances.

Les penseurs avaient raison. Le monde était remué dans ses entrailles et non pas à la surface. La révolution de février n'appartient à aucun parti, elle appartient au monde.

Ainsi donc, ouvriers obscurs ou glorieux de l'œuvre sociale, n'oublions pas que notre devoir est de grouper l'humanité autour des lois fraternelles qui seules conviennent à la pureté de son origine, à la grandeur de ses destinées.

(26)

Réformons en France une société qui tombe en dissolution.

Fondons en Algérie une société nouvelle, sur les bases fondamentales de l'humanité, sur la liberté, sur l'égalité, sur la fraternité.

Fondons une société nouvelle qui deviendra l'exemple du monde.

Dans cette société,

La famille sera honorée,

La propriété sera respectée,

Le travail sera glorifié,

La misère sera supprimée,

La vie sera attrayante,

Les hommes béniront Dieu !

Ajoutons, après avoir fait la part des travailleurs de la pioche et de la charrue, qu'il est un autre genre de *travailleurs* non moins utiles, auxquels doivent s'ouvrir à deux battants, les portes de l'Algérie. A ceux-là, aussi, l'État doit des garanties et des encouragements. Je veux parler des *travailleurs du capital.*

Aujourd'hui, où, soit par ignorance, soit par terreur, on ne glorifie que le *travail des bras*, il est important de rappeler cette vérité, fondamentale pour toute société qui ne veut pas revenir à l'état sauvage ; — PAS DE CAPITAL, PAS DE TRAVAIL ! —

Après une révolution dont le caractère est encore plus social qu'il n'est politique, avec un gouvernement, expression d'une société libre , nul doute que des vues élevées ne président à la marche toujours progressive de la Nation. Le mot RÉFORME domine tout notre avenir ; la réforme dans le système financier de l'État ne se fera pas attendre et, sous l'influence de la liberté, le génie de la Nation, prenant un essor comprimé depuis si longtemps, ne peut tarder d'ouvrir au travail des horizons nouveaux.

Le travail doit être compris dans la plus large acception de ce mot. Le penseur comme l'artisan, le poète, le financier, le commerçant comme le dernier des manœuvres sont des *travailleurs*. Bientôt, il faut l'espérer, il en sera de la France comme de cette puissante société des États-Unis, où l'homme qui ne travaille pas est un non-sens. — A ce titre seulement le travail peut être élevé et glorifié.

Toute l'action d'une société qui se meut dans la sphère harmonieuse du travail, repose sur le *capital.* — Pas de capital, pas de travail. ! pas de travail, pas de PROGRÈS.

Les hommes dont la pensée, dont la parole illuminent la marche de notre pays doivent tendre, par toute leur influence, à conserver, à multiplier le capital : le progrès social est à cette condition ; hâtons-nous de répéter que nous entendons par capital tout ce qui concourt à la production : la *maison*, le *bœuf*, la *charrue*, les *outils* de l'*atelier*, le *navire* qui fend les mers, l'*intelligence* du penseur, les *bras* de l'ouvrier, toutes ces choses sont des CAPITAUX. — L'or et l'argent ne forment qu'une faible partie de ces capitaux ; une société peut arriver à ce point de perfection que l'argent et l'or, valeurs de pure convention, capitaux improductifs par eux-mêmes, seraient suppléés par *le crédit*.

Tous les efforts d'un gouvernement progressif devront tendre à populariser, dans notre pays, où l'on en soupçonne à peine la puissance, ce levier qui remue le monde et pousse en avant les sociétés : — *le crédit*.

Espérons-le, nous sommes à la veille du jour où l'on comprendra clairement la vérité de ce principe : mais c'est au gouvernement à prendre hardiment l'initiative. La Nation peut gagner un siècle sur l'avenir. Les prodiges accomplis aux États-Unis l'ont été par le crédit. Qu'on ne mette pas en avant les faillites et les banqueroutes, le temps nous manquerait pour opposer à ces terreurs exagérées le tableau des capitaux immenses accumulés aux États-Unis par la seule puissance *du crédit*.

Nous avons, à quarante heures de la France, une terre aimée du soleil, où nous réaliserons les mêmes prodiges. Que l'État ne se borne pas à y jeter brutalement les millions qui seront le salaire de la classe ouvrière, salaire immense que le gouvernement provisoire a solennellement promis au travail, conséquence inévitable, conséquence morale, conséquence heureuse de la révolution sociale accomplie en février.

Que le gouvernement dans cette pauvre Algérie dévorée par l'usure, *fonde*, sans hésiter, des institutions de véritable crédit ; qu'il organise partout des comptoirs d'escompte, des banques au profit de l'agriculture comme du commerce.

Aussitôt les *capitaux* industriels prompts à s'épouvanter, également prompts à reprendre leur audace, dès que des garanties leur seront offertes, reviendront d'eux-mêmes appelant autour d'eux le *travail* qui les féconde. L'Algérie est depuis longtemps jugée : à l'agriculture, à l'industrie, au commerce elle offre un champ dont les ressources sont immenses, dont les limites sont inconnues : mais ces trois branches du travail humain ne s'y développeront sans obstacle que sous la condition expresse de pouvoir s'appuyer sur les puissantes bases *du crédit.*

Que le gouvernement n'hésite pas. Qu'il exploite avec intelligence et hardiesse cette terre célèbre qui fit la richesse de Rome. Elle accroîtra dans une proportion inespérée les richesses de la patrie commune, et nous verrons se réaliser dans notre France Africaine les destinées qui lui ont été tant de fois prédites par des esprits enthousiastes.

En proposant un système, je n'ai pas la prétention d'être exclusif. Sous le règne de la liberté, l'Afrique doit s'ouvrir à tous les systèmes.

Cabet ne pensera plus à jeter dans les solitudes du nouveau monde les fondements du *com-*

munisme Icarien. Les belles plaines de l'Algérie lui sont ouvertes :

Elles s'ouvrent également pour les disciples de *Fourrier.* Elles s'ouvrent à tous les systèmes parce qu'il est du devoir d'un gouvernement progressif d'encourager les hommes d'action et de pensée dans leurs tentatives, même les plus audacieuses.

Tellement controversées , tellement rejetées avec dédain que soient les théories socialistes , je pense qu'un homme de bien ne doit en aborder l'étude qu'avec un religieux respect. On dit: ce sont des rêves ! Eh pourquoi des rêves ; parce que les philosophes socialistes espèrent rendre l'humanité meilleure. Mais n'ont-ils pas raison de l'espérer , et d'y travailler courageusement malgré l'indifférence, l'ironie, la persecution. Les socialistes tendent à réaliser la famille humaine. Si c'est un rêve ; c'est un beau rêve :

En vérité ! ceux-là sont bien à plaindre , qui, pour chasser de nos cœurs ces aspirations ardentes vers l'avenir , ne trouvent d'argument que dans la philosophie du désespoir, philosophie des cœurs glacés , perpétuel blasphème contre les hommes et contre Dieu.

Oui, l'Algérie doit s'ouvrir au travail sous toutes les formes : à cette condition, il s'y développera dans toute sa puissance. A cette condition , un peuple jeune, et fort comme le sont les peuples nouveaux , va germer sur ces plages , où s'assied la France régénérée.

Portons nos regards au delà des mers et considérons avec recueillement ce peuple des États-Unis que les centenaires ont vu naître. Confiez au travail le berceau de la France Algérienne, abritez-le sous des institutions libres et fraternelles et bientôt ce peuple, glorieux enfantement d'une république, tendra la main par-desus l'Atlantique au géant du nouveau monde.

RAOUSSET BOULBON.

Un dernier mot. — Ceci n'est pas un système, ce n'est pas un plan : — C'EST UNE IDÉE. —

La question des travailleurs, question terrible, domine tous les esprits. Que faire? — Voici ma pensée : —

En France, — vous dépenserez en détail des sommes colossales et vous entretiendrez le PAUPÉRISME. *En Algérie,* jetez UN MILLIARD, vous ferez — de prolétaires, propriétaires, — cent mille familles d'agriculteurs, cent mille familles de mineurs ; — un MILLION d'individus. — Dépensez deux milliards, vous ferez le double. — Vous donnerez à la France des richesses incalculables.

L'industrie, l'agriculture, le commerce, champ libre ouvert aux capitalistes, puiseront dans les institutions de *crédit* QUE VOUS AUREZ FONDÉES, une force qui centuplera leur puissance.

En Algérie, vous jetez un peuple.

En France, vous supprimez la misère.

— Voilà mon IDÉE. —

Si elle est bonne, propagez-la, fécondez-la.

30 mars 1848.